常识

[美]托马斯·潘恩 著
童孝华 译

COMMON SENSE

图书在版编目（CIP）数据

常识／（美）托马斯·潘恩著；童孝华译. —北京：中央编译出版社，2024.6
ISBN 978-7-5117-4758-7

Ⅰ.①常… Ⅱ.①托…②童… Ⅲ.①政治思想史–美国–近代 Ⅳ.①D097.124

中国国家版本馆 CIP 数据核字（2024）第 093991 号

常识

策划统筹	张远航
责任编辑	周孟颖
责任印制	李　颖
出版发行	中央编译出版社
网　　址	www.cctpcm.com
地　　址	北京市海淀区北四环西路 69 号（100080）
电　　话	（010）55627391（总编室）　（010）55627318（编辑室）
	（010）55627320（发行部）　（010）55627377（新技术部）
经　　销	全国新华书店
印　　刷	北京文昌阁彩色印刷有限责任公司
开　　本	880 毫米×1230 毫米　1/32
字　　数	42 千字
印　　张	3.5
版　　次	2024 年 6 月第 1 版
印　　次	2024 年 6 月第 1 次印刷
定　　价	39.00 元

新浪微博：@中央编译出版社　　微　信：中央编译出版社（ID: cctphome）
淘宝店铺：中央编译出版社直销店（http://shop108367160.taobao.com）
　　　　　（010）55627331

本社常年法律顾问：北京市吴栾赵阎律师事务所律师　闫军　梁勤
凡有印装质量问题，本社负责调换，电话：（010）55627320

译者序言

  1776年1月,一部名为《常识》的小册子犹如璀璨明珠,在费城初露芳容。它的作者托马斯·潘恩虽然初来乍到,却以其思想利剑和犀利的笔锋在北美大陆掀起了一场思想风暴。《常识》恰似黎明曙光,唤醒了沉睡已久的殖民地人民内心深处对独立自由的渴望,挑战了英王的专制统治和君主制的合法性,倡导建立民主共和国的崭新理念。潘恩清晰简洁的文风和通俗易懂的语言，似清泉般流淌进民众的心田，以令人信服的论证改变了舆论的风向标，推动越来越多的民众投身革命的洪流。

重译《常识》，旨在重温启蒙思想的璀璨光芒，唤醒民智的曙光黎明，激荡时代的波澜壮阔。让我们乘着时光隧道的列车，聆听潘恩"惊心动魄"的呐喊，感受《常识》的磅礴力量。

《常识》问世的历史时刻恰逢其时。18世纪下半叶，北美13州在英王铁蹄的蹂躏下饱受欺凌，从苛捐杂税到贸易桎梏，一系列苛政猛于虎，殖民地人民怨声载道。民怨之火，久积易燃，只待时机将至，熊熊烈焰燃起。正当此时，《常识》横空出世，以雷霆万钧之势，唤醒了人民反抗压迫的意识。

《常识》犹如一剂强心针，为争取自由平等的斗争注入了强大动力。潘恩笔锋如剑，一针见血地指出，殖民地人民长期在英王暴政下水深火热，既丧失人身自由，又遭受经济剥削。面对危机四伏的现实，潘恩没有视而不见，而是直面挑战，吹响反抗的号角。他坦言，要改变命运，就必须奋起反抗，推翻英王统治，建立独立自主的共和国。《常识》绝非纸上谈兵，它为广大民众参与反抗殖民统治提供了思想利刃。潘恩苦口婆心地宣讲民主自由理念，启发民众认识到争取独立的重要性。他用朴实感人的语言，讴歌自由平等的价值，点燃人民对美好生活的憧憬。其言论之力，重于千军万马，深刻影响了广大殖民地民众，为争取独立提供了强大的精神动力和理论支撑。

潘恩以无懈可击的逻辑，揭露君主制的种种弊端。他认为，君主制从根本上就是一个有缺陷的政体。"君主制意味着吾人自身的堕落和失势，同样地，被视为权利来争夺的世袭，无异于对子孙后代的凌辱和欺瞒。"潘恩还驳斥了殖民地需要英国庇护的观念，坚信它们完全有能力自力更生、自我防卫。

潘恩笔下最令人神往的,是他描绘的独立后的美好愿景。他指出,脱离英国,北美将获得一个千载难逢的机遇,去创建一个建基于自由、平等、民主原则的崭新社会。在这个理想国度,人民才是国家的主宰,政府的权力源自人民而非君主或贵族。如此激进的构想,令人心驰神往。正是这种美好图景,激励殖民者勇敢地投身到争取独立的斗争中去。

《常识》犹如一颗思想炸弹,在北美大陆引发了一场声势浩大的独立运动。小册子出版后短短3个月内,发行量就突破12万册,几乎家喻户晓。潘恩的见解迅速占领舆论制高点,他的言论成为街头巷尾热议的话题。在《常识》的感召下,支持独立的呼声此起彼伏,汇聚成排山倒海之势。

《独立宣言》的诞生,就是《常识》影响的最好印证。宣言起草于小册子发表仅6个月之后,其中阐述的诸多理念,如人人生而平等、人民拥有不可剥夺的权利等，无不浸润着潘恩思想的烙印。

《常识》在动员民众投身革命的过程中也发挥了关键作用。潘恩慷慨激昂的号召，鼓舞了无数殖民者奋起反抗英王暴政。他的小册子在大陆军中广为传阅，成为提振士气的精神食粮。据史料记载，华盛顿将军在1776年1月收到《常识》后，曾在致友人约瑟夫·里德的信中盛赞此书，由衷地表达了对潘恩才华的钦佩之情。

《常识》绝非昙花一现，它的影响远非局限于美国独立战争的年代。数百年来，潘恩关于民主、平等、人权的思想，始终是照亮人类前行道路的灯塔。他所勾勒的基于理性与正义的社会图景，启迪了世界各地争取政治改革的运动。

在美国，《常识》是奠定民主根基的经典著作。潘恩以雄辩的言辞捍卫自由与民主，塑造了整个国家的政治话语。直至今日，他的论证依然震撼人心，感召力丝毫不减。

《常识》以最好的方式诠释了思想的力量。潘恩的著作表明，只要以清晰有力的语言表达观点，就能推动政治和社会变革。这一宝贵经验，成为后世无数仁人志士的行动指南。他们继承潘恩的衣钵，用笔作为利剑，与种种不公对抗，为美好的明天奋斗。

《常识》还为塑造美国的国家认同发挥了重要作用。潘恩倡导独立自主，主张建立民主共和制，由此确立的价值观和理想，成为《常识》。如此，这部穿越时光隧道的不朽巨著，恰如一座巍然矗立的思想灯塔，不仅引领美国革命这艘自由之舟破浪前行，更以震古烁今的智慧之光普照人类历史的汪洋大海。它蕴藏的深邃思想，化作醇香的美酒，淬炼着后世政治实践的百家争鸣，亦如甘露法雨，滋润着学术研究的万紫千红。

纵然时光荏苒,斗转星移,《常识》的魅力却愈发熠熠生辉,其意义也愈加弥足珍贵。它高擎民主共和的光辉旗帜,鼓舞着世界各国人民反抗专制暴政的英勇斗争,成为追求自由民主的精神圣火。即便在当下,潘恩"以常识唤醒民智,以理性之光照亮前路"的崇高品格,依然闪耀着不朽的光芒,给予我们深刻的启迪。面对时代的挑战和社会的困境,我们要以如椽之笔抒写民意,以璞玉浑金之言唤醒民智,以理性之剑斩断愚昧,用常识凝聚共识,推动变革图强。这,就是《常识》跨越时空的永恒价值。

倘若春风化雨,新译本必将是中西思想交流的桥梁,开启学术研究的新航程。《常识》博大精深的政治智慧和哲学洞见,定能使中国学界在政治学、哲学等领域获益匪浅。重译此著,有助于学人探寻潘恩思想的源流,以促进中西方学术对话,推动比较政治、比较思想史等学科蓬勃发展。与此同时,一部优质译本，犹如一叶扁舟，可带领大众走近这位伟大的思想巨匠，在潘恩智慧的海洋里徜徉，从而开阔视野，启迪心智。

童孝华

2024 年 3 月

托马斯·潘恩

目 录

论政权之肇始与宗旨

　　——兼评英伦政体 ………………………… 1

论君主政体和世袭体制 ………………………… 13

论北美时局 ……………………………………… 33

论北美当下实力

　　——兼叙杂感 …………………………… 75

论政权之肇始与宗旨
——兼评英伦政体

世间有诸多学者,混淆社会与政权之概念,视二者无甚区别,甚或等而同之;然则二者实则迥然不同,溯其渊源,亦各异其趣。盖社会之设,源于人之欲望,然政权之立,则肇始于人之罪恶。社会促人团结一心,积极增进幸福,而政权制止人之恶行,消极促进福祉。社会鼓励交往,政权却制造差异。社会犹慈母,政权若严父。

社会备受欢迎，政权则为人所不得不容，即便在最佳状态，亦不过免不了之祸患；在最坏情形，更成为不可容忍之祸害。人饱尝苦难煎熬之际，抑或蒙受源于暴政、而唯有在无政无府之土方能降临的诸般不幸之时，倘若恍然惊觉，此苦难之源实乃源自己手所筑，则痛心疾首，尤甚于他。政权犹衣裳，乃纯真受害之表征。帝王宫阙，建于乐园废墟之上。倘若良知之激荡，昭然天日，始终不渝，人人皆无需立法之约束。然事实并非如此，故人不得不舍弃部分财产，以换取他人之保护。审慎之道，于他事皆劝人择轻，于此亦然。是故，安全乃政权之真意与宗旨，则无疑可推断，任何形式之政权，倘能最大限度保障人之安全，且耗费最少、利益最大，必为众人所欣然接受。

为明晰政权之真意与宗旨，不妨设想，有数人于地球一隅，与世隔绝，不与他人往来，彼等可视为任一地域或世界之先民。处此天然自由之境，彼等首先志在结社。千百种动机,皆促其趋向斯目标。一人之力,不足以应其所需,心境又不堪永处孤寂,故不久即不得不求助于他人,寻求安慰,而他人亦有同样之要求。四五人协力,方能于荒野中营建过得去之居所,而仅凭一人之力,则可能终生劳碌而一无所成。伐木既毕,一人难以搬动,即便搬动,亦难竖立。饥饿逼迫其放弃劳作,种种需求,各以不同方式驱使之。疾病,纵非致命,亦足使其不能自存,陷于死生之间。

如是,客观之需要,宛若一股无形吸引之力,将迅速凝聚初至此地之移民,组建社会。而每个个体在此社会生活中所获之幸福感,亦将牢固确立。只需彼此始终以真诚相待,以道德自律,即可无需法律与政权之外力约束。然,唯有上苍方能永久免于邪恶蛊惑,是以此般情景难免终将上演:移民们甫克服初至异乡、携手共筑家园时所遇诸般艰难,旋即便开始忽视彼此所应担之责,淡忘相互应存之情谊。此种懈怠昭示,为弥补道德之缺失，某种形式之政权统治，实乃不可或缺。

一棵处核心位置之参天大树，将化身为民众集会之堂，全体移民区居民可于其荫庇下齐聚一堂，共商公众事务。初期所订之律法，或称《条例》而已，违者至多受公众鄙夷唾弃而已，以为惩戒。此般首次会议，人人皆有席位一隅，乃天赋人权之自然彰显。

然而，随着移民区之发展，公共事务日益繁杂，成员间距离渐远，不似从前那般便于聚会，盖初时人数寡少，居所邻近，公共事务简单而琐碎。此种情况表明，自全体成员中选拔优秀者专司立法，实有其便利之处；彼等应关注选民所关注之事，行事当如全体成员亲自出席时所为。倘移民区继续扩张，则有必要增加代表名额，使移民区各部分利益皆受照拂，且宜将全区划分为若干适当部分，每部分选出相应人数。如此，当选者永不会独自关注与选民无涉之利益。且为审慎起见，定期选举乃恰当之举：如此，当选者数月后或将重返民间，彼等不敢自找苦吃，从而对公众之忠诚亦可获得保证。盖此种周期性之更迭，将与社会各部分建立共同利害，各部分自然相互支援，此乃政权之力量与被治者之幸福之所在（而非基于帝王之虚名）。

言下之意，此乃论政权之肇始与兴起，乃由于人性之弱点，不得不采纳治世之道。由是观之，政权之意旨与宗旨，在于自由与安全。纵然人之眼目，于纷繁芜杂之事物前，易生迷惑；纵然人之双耳，易为声响所蒙蔽；纵然偏颇之见解，易使人之意志偏离正道；纵然个人之利害，易蒙蔽人之心智；然则自然与理性之坦诚呼唤，终将昭示真理。

吾对政体之见解，源于一不可推翻之自然原理，即万事万物愈简约，则愈不易紊乱，即便紊乱，亦较易修正。循此原理，吾欲评论英伦备受称颂之政体。

Thomas Paine.

英伦政体诞生于黑暗愚昧之奴隶时代，于彼时固属光荣，此吾不否认也。当专制暴政横行天下之际，竭力维系此政体，亦属光荣之举。然而，若论证此政体之不臻完善、不甚稳固、不能充分发挥其应有之效用，实亦不难。

专制政体（虽有悖人性尊严）尚有一优点，即其简明易晓，倘若人民受苦，则知苦难之根源出于何人之意念，亦知救济之方，无需因繁复之缘由与救苦之术而茫然失措。反观英伦政体，则复杂异常，全国民众或将多年受苦，而不知究竟何方有误。或此说彼说，议论纷纭，每位政治医生开出之药方亦各不相同。

吾知克服地域成见或积习实属不易。然若吾人能耐心审视英伦政体之构成，当可察见其乃掺杂新兴共和因素之两种古老专制之残余。

其一，君主专制之残余，寓于国王之身。

其二，贵族政治暴政之遗存，体现于上议院之中。

其三，新兴共和政体之要素，凸显于下议院之内。而英伦自由之基石，正在于下议院之效能。

前二者皆世袭而来，与民意无涉。是以，就政体而言，二者于国家自由，并无裨益。

谓英伦政体乃三股势力之合一，彼此制衡，实乃可笑之谈。此语若非空洞无物，即是自相矛盾。

所谓下议院制衡国王，其意有二。

其一，国王若无监督，不足为信。换言之，渴求专制之心，乃君主政体之通弊。

其二，受命制衡国王之下议院议员，非较国王更睿智，即更可信赖。

然则，此政体先授权下议院以否决预算拨款之法制衡国王，继而又授权国王以否决议案之权制衡下议院。于是又隐含国王较下议院更睿智之意，而下议院已被视为优于国王者矣。此乃荒谬至极！

君主政体中，有极度荒诞之处。此体制先使一人无从博学，复授权其决断需以睿智判断之事。国王之身份使其昧于世事，然其职责又需洞察一切。是以，此二者相互矛盾、相互破坏，证明此人物之荒唐无用。

或有学者解释英伦政体曰：国王一方，人民一方。上议院代表国王，下议院代表人民。然此释割裂议会之特质，自相矛盾。纵使文辞华丽，经推敲却毫无根据，意义含混。且恒有此情形：任凭词藻之精巧，倘所述为绝不可能存在之事，或甚难描述之物，终不过一堆虚浮之辞，悦耳而无思想内涵。盖此释有一先决问题：既然国王之权不为人民所信任，且常需制衡，则此权何来？如此权力绝非出自睿智之民，亦非来自上帝。然宪法条文却规定其当存在。

宪政条款未能发挥应有之功效，此举手段与目的背道而驰，整体运作无异于自取灭亡。盖因重锤必将压倒轻秤，机器诸轮皆由一轮驱动，吾人还需洞悉何种权力在此政体中最为关键，因其将起主宰之用。纵使其余权力或其部分或可延缓其运转,然而若不能迫其停摆,则终究徒劳无功。主导之力终将随心所欲,速度之不足,则可从时日中得到弥补。

国王乃英伦政体中举足轻重之部分,此乃不言而喻;而其所倚仗以取得一切势力者,不过区区官爵禄位,此亦无需赘言。是故,吾人固然智慧,曾对专制政体紧闭门扉,却又愚不可及,竟将钥匙交予国王掌控。

诚然,英伦臣民拥护由国王、上议院与下议院共治的政体,此种偏见一半缘于理性,一半缘于民族骄傲,后者或居多数。在不列颠,个人之自由固然较他国更为安全,然国王之意志无论英法皆为国之律令,异者在于英王之意非直接由其口中道出,而是经由议会法案之可畏形式呈现于民。查理一世之殒殁,非但未能警醒帝王之良知,反倒激起其更深之诡谲。

是故,抛却一切对政体形制之民族成见与偏颇不谈，昭然若揭之真理乃：英王之所以不似土耳其苏丹般暴虐，全在于民之本质，而非政体体制使然。

鉴于目前形势，探讨英伦政权制度之谬误乃当务之急。盖当吾人仍为某种强烈偏爱所左右，即难以公允评判他人；同理，当吾人仍受固有偏见所羁绊，亦不能恪守己见。一个迷恋娼妓之男子不配选择或品评贤妻，正如一个偏袒腐朽政体之成见将使吾人无法辨识良善政体。

COMMON SENSE;

ADDRESSED TO THE

INHABITANTS

OF

AMERICA,

On the following interesting

SUBJECTS.

I. Of the Origin and Design of Government in general, with concise Remarks on the English Constitution.

II. Of Monarchy and Hereditary Succession.

III. Thoughts on the present State of American Affairs.

IV. Of the present Ability of America, with some miscellaneous Reflections.

A NEW EDITION, with several Additions in the Body of the Work. To which is added an APPENDIX; together with an Address to the People called QUAKERS.

N. B. The New Addition here given increases the Work upwards of One-Third.

Man knows no Master save creating Heaven, *Or those whom Choice and common Good ordain.*
THOMSON.

PHILADELPHIA, PRINTED;
LONDON, RE-PRINTED,
For J. ALMON, opposite Burlington-House in Piccadilly. 1776.

1776年《常识》英文首版

论君主政体和世袭体制

在万物之体系中,人人本应平等,此等平等唯有因后天际遇而打破。贫富悬殊已可阐明,故论述时无需动用压迫贪婪之刺耳难听字眼。压迫往往乃财富之后果,鲜少乃或绝非致富之手段。贪婪虽能使人免于赤贫,然总体而言却令人变得怯懦,难成大业。

然而,尚有一种更大之差异非由真正自然或宗教理由可以解释,即将人分为"君王"与"臣民"之别。阴阳之分乃自然之作,善恶之判乃上天之为。但一类人生而超然于众，宛若异族，究竟是增进人类幸福之途，抑或招致苦难之源，不免令人玩味。

据《圣经》年表记载，古代社会并无帝王。其结果是当时鲜有战事。而今日使人类陷入混乱者，正是君主之傲慢。荷兰百年无王，其和平之享远胜欧洲任何君主国度。古史亦可佐证：初代族长恬静田园之生活自有其乐，读到犹太王族史时，此乐趣便烟消云散。

君王政体最初为异教徒所创，继而为犹太人效仿。此乃魔鬼为鼓吹偶像崇拜而施展的得意杰作。异教徒奉已故君王为神圣。基督教世界更甚，将此般态度施于在世君主。将"陛下"神圣称号加诸一个耀武扬威转瞬即逝的小人，岂非大不敬乎？

使一人之地位高高在上，自然平等权利之原则本无据可循，亦难引经据典予以辩护：盖基甸与先知撒母耳所宣示之耶和华旨意，分明不赞同君权。在君主国度，《圣经》中一切非议君主政体之章节皆被巧妙掩饰，然其无疑值得尚未建政诸国深思。"该撒的物当归给该撒"乃宫廷所援引的《圣经》教义，却非君主政体之根基，盖彼时犹太尚无国王，仍隶属于罗马统治。

自摩西记载创世伊始，至全体犹太人受骗请求立王，约历三千年。立王之前，除耶和华偶尔干预之特殊情形外，其政体为一种共和体制，由士师与各族长执政。彼时并无国王，盖认为除万主耶和华外，承认他人享有君王尊号乃一种罪过。当有人以振聋发聩之言，谴责世人对君王的盲目顶礼膜拜时，他必然深信不疑：永远要人信其荣耀之耶和华，断不会赞同如此僭越上天特权之政体。

在《圣经》中，建立君主专制的政体被斥为犹太民族的罪孽之一，并宣告了对犹太人的诅咒。这段历史值得关注。

当以色列人遭米甸人欺凌，基甸率领小股军队奋

托马斯·潘恩

起反抗，终承神助获得胜利。犹太人喜不自胜，以为此乃基甸之才略所致，遂提议拥他为王，愿其子孙世袭统治。此诚然最诱人之提议：不仅为一王位，且为一世袭王位。然基甸虔诚回应曰："吾不统治尔等，吾子亦不统治尔等。唯耶和华统治尔等。"此言再明白不过。基甸非谦辞荣宠，而是否定众人有授予此等尊荣之权。他亦非凭己意酬谢阿谀，而是以先知笃定之口吻责难众人不当背弃自己的君主，即上帝。

约莫一百三十年之后，犹太民族又重蹈覆辙。他们心驰神往于异教之风，渴慕偶像崇拜之俗，其愚昧固陋，令人扼腕。及至撒母耳膝下二子玷行，他们便借题发挥，趋前喧嚷曰："尔今鬓染霜白，子亦失德，请为我立君统治，使我等同列国一般。"

细察其辞，实乃居心叵测，妄想比肩异邦，背弃自身独尊之道，殊不知真正尊荣在于坚守信念，毋与俗流同流合污。圣者撒母耳闻之不悦，乃祈于天。耶和华谕之曰:"从民所愿,盖弃尔者非弃尔,乃弃我也。自我携其出埃及至今,常有离弃我昧于他神之举,此番于尔,不过故态复萌。然尔仍当从之,但需告诫之,使知来君将奈何治之。"

此处所指,并非个别君王之治道,而乃以色列民欲效仿之列王统治之术也。时移世易,其法或殊,其质不移。撒母耳以至尊之言告于求立君者,曰:"尔君之道,必取尔子驾车骑射,奔走车前(此所言合于今之役使民也)。且令其作千夫长五十夫长,耕种收割,制造兵戈车械。选尔女秀冶香膏烹饪糕点(此则形容国王骄奢淫逸,残民以逞也)。更必取尔上好田庄、葡萄园、橄榄园,以赐臣仆。于尔所出谷物葡萄,亦必征税一成,充赡大监臣仆(由是观之,受贿枉法,中饱私囊,乃列王通弊也)。又当役使尔仆婢少年,驱使尔群畜,取尔羊群,各一成,为其所有。尔等终将沦为其奴仆。届时尔等虽哀求上苍,恕难如愿以偿。"

这揭示了君主政体之所以能够历经岁月而屹立不倒的根本缘由。纵观历史长河，真正贤明仁慈的帝王可谓凤毛麟角，他们的德行远不足以为君主之名正名，更无法洗刷建立王权之初的原罪。即便《圣经》对大卫赞誉有加，那也并非基于其君主的身份，而是由于他是一个顺应上帝旨意之人。然而，百姓却执迷不悟，对先知撒母耳的劝诫置之不理，坚称："不！吾人必须拥有一位君王来统治吾人，使吾人如列国一般，由王来领导吾人，率领吾人奋勇征战。"撒母耳苦口婆心，却也无济于事。他指出百姓忘恩负义，然而终究徒劳无功。当他察觉众人一意孤行时，便向上天呼吁："我恳求耶和华，他定会降下雷雨（因正值麦收时节，此乃一种惩戒），使尔等知晓并看清，尔等请求立王之举，乃是得罪耶和华的大罪！"于是，撒母耳祈求上帝，耶和华果然在那日打雷下雨，众民对耶和华和撒

LE
SENS-COMMUN.

OUVRAGE
ADRESSÉ AUX AMÉRICAINS,

Et dans lequel on traite de l'origine et de l'objet du Gouvernement, de la Constitution anglaise, de la Monarchie héréditaire, et de la situation de l'Amérique septentrionale.

Traduit de l'Anglais de Th. PAINE, Auteur des *Droits de l'Homme*, et d'une *Lettre à G. Th. Raynal*.

SECONDE ÉDITION REVUE ET CORRIGÉE.

———

A PARIS,
Chez GUEFFIER, Imprimeur-Libraire, rue Gît-le-cœur n°. 16.

1791.

1791年《常识》法文首版

母耳生出极大的敬畏。民众向撒母耳言道："请你为仆人向你的上帝耶和华祷告，免吾人死于非命，因吾人请求立王之事，实乃罪上加罪。"

《圣经》这些章节明确而笃定，容不得任何模棱两可的诠释。要么上帝确实借此对君主制提出抗议，要么《圣经》就是一部伪书。吾人有充分理由相信，在信奉天主教的国度，君王与神职人员煞费苦心，极力阻止民众理解这些经文，因为君主政体无一例外都是政治意义上的天主教制度。

除君主政体的流弊外，世袭制亦弊端丛生。君主制意味着吾人自身的堕落和失势，同样地，被视为权利来争夺的世袭，无异于对子孙后代的凌辱和欺瞒。盖因人人生而平等，故无人能凭借出身而有权建立一个永世凌驾他人的家族，且纵使某人为当世所敬重，其后人却未必能担此殊荣。有一个强有力且明显的证据，足以证明国王享有世袭权的荒谬，即上天并不钟情于此道，否则它就不会频频让蠢驴而非雄狮承继王位，从而令这一制度沦为笑柄。

再者，任何人最初仅能维系他人所赋予的社会荣誉，同理，那些荣誉的赋予者亦无权牺牲子孙的权益。纵使他们可以宣称"吾人奉你为王"，却不能说"你的子孙及其后代可以永世统治吾人的子孙及其后代"，否则就是在侵犯自身后裔的权利。其缘由在于，这样一种愚昧、不公、悖理的承诺，很可能使下一代沦为恶徒或愚人的臣仆。历来，大多睿智之士内心对世袭权嗤之以鼻。然而，这是一种一旦确立便难以根除的弊端。许多人出于恐惧而屈从，另一些人则因迷信而顺从，还有一部分较有权势者则助纣为虐，与君王一道掠夺其余民众。

世人普遍认为当今世上的君王个个出身名门；而最可能的真相是，倘若吾人能够揭开古代历史的迷雾，追本溯源，就会发现他们的先祖不过是某帮穷凶极恶之徒中的头目，因其残暴行径或臭名昭著的奸诈手段而被尊为盗匪之王。随着势力坐大、掠夺范围扩张，他震慑了手无寸铁的善良百姓，迫使他们时常进贡以换取自身安全。然而，那些推选他的人绝不会考虑将世袭权授予其后代，因为这样永久放弃自己的权利，与他们宣称要在生活中恪守的不羁自由原则相悖。因此，君主制初期的世袭，充其量不过是权宜之计或补充措施，而非理所当然的制度。但是，由于那个时代鲜有甚至没有文字记载，口耳相传的历史充斥着虚构的故事，故而几代之后，当权者就很容易编造出一套当时可以顺利传播的、类似异教始祖传说的迷信言论，通过反复向民众灌输以强化世袭权的概念。或许，在酋长去世需要推选新领袖时，动荡局面（因为恶棍之间的选举不会井然有序）令许多人惊恐万状或表面上如此，从而首开世袭制的先河。就这样，如后来所发生的那样，最初被视为权宜之计的做法，后来却被硬说成一种权利。

自诺曼底公爵征服不列颠群岛以来,英伦三岛虽偶有贤明君主治理,却更多地在无数暴君统治下饱受煎熬、痛苦呻吟:任何理性之士断不会认为臣民在威廉一世的铁蹄下所享有的权利有何光荣可言。一个法兰西的混血野种率领一帮武装匪徒登陆,悍然违背当地民意自立为英格兰之王,吾人大可直言不讳地指出,此人出身低微,卑劣不堪。这其中当然没有上苍意志的丝毫痕迹。然而,吾人也无需浪费太多时日来揭露世袭君权的荒谬绝伦。如果真有愚夫愚妇笃信这一点,就让他们不分青红皂白地顶礼膜拜笨驴和雄狮吧,对此吾人也表示欢迎。我既不会效仿他们的卑躬屈膝,也不会干涉他们的迷信盲从。

但吾倒很想请教一下,这些人认为最初的君王是如何产生的?对这个问题似乎只有三种可能的解答:要么凭借抽签,要么通过选举,要么实施篡夺。如果其一位国君是由抽签决定的，这就为下一任国王树立了先例，王位绝非世袭。扫罗通过抽签登上宝座，但王权的继承却并非世袭，而且从这件事的前后经过来看，吾人也觅不到任何意图建立世袭体系的蛛丝马迹。如果一个国家的开国之君是由选举产生的，那这同样也为继任者确立了典范。倘若第一批选民不仅选出一位国王，而且选定了一个世袭王朝，从而剥夺了所有后代的权益，那么除了关于人性自由意志皆毁于亚当之手这一原罪教义外，纵观《圣经》也找不出类似的例证。按照这种类比，而且也不可能按照其他类比，世袭制度得不出什么令人神往的结论。体现在亚当身上的是人人都犯了罪，体现在第一批选民身上的是人人都俯首听命。前者意味着人类都受魔鬼摆布，后者意味着人类都受统治权宰制。由于前者吾人丧失了纯真，由于后者吾人丧失了权力。既然二者都使吾人无法复归先前的某种境界和权益，吾人当可据此推断，

Mr. Thomas Paine.
Author of the Rights of Man.

原罪和世袭实乃本质相近。这是何等不光彩的对比，何等可耻的关联！然而即便是最善辩的雄辩家，也难以找出比这更贴切的比喻了。

提到篡权，无人敢为这种行径辩白。威廉一世乃篡位者，此乃无可争辩的事实。昭然若揭的现实是，英伦君主制的历史经不起推敲。

然而，与人性相关的世袭制度之荒谬，相较于其所造成的深重祸害，实在微不足道。如果这一制度能够确保提供一群贤明善良之士，倒也可算是获得了上天的特许。但事实上，它不过是为愚昧、邪恶和卑劣之徒敞开方便之门，因此它就带有压迫的本质属性。那些自视为天生统治者、视他人为天生奴仆的人，不久便会横行跋扈、为所欲为。由于他们是从芸芸众生中拣选出来的，他们的心灵早已被自负自大所蚕食。他们所处的环境，与寻常世界迥然有别，因此他们几乎没有机会去真正了解普罗大众的切身利益。当他们继承王权之时，往往对国中诸般事务一无所知，全然不配治理国家。

世袭制度的另一重大祸害在于，王位时常被年幼的未成年人占据，不论其年岁大小。在此期间，以国王之名而摄政的人，就有充分的机会和动机来背弃人民对其的信任。当一个国君年事已高、步入人之衰老末期之时，同样的不幸也会降临到整个国家头上。在这两种情况下，百姓都会沦为形形色色恶棍的牺牲品，因为这些人可以轻而易举地利用老年或幼年所导致的种种愚昧行径。

世袭制的拥护者们所提出的看似最有道理的辩护，就是它可以保全国家，免遭内战之苦。如果这一点属实，倒也颇有分量。但事实上，这却是曾经用来欺骗人类的最无耻谎言。纵观英伦历史，也无法找到支持这一论点的事实依据。自1066年以来，共有三十位国王和两位幼主统治了这个混乱的王国。在这段时期内，至少发生过八次内战和十九次叛乱（包括光荣革命在内）。由此可见，世袭制非但无助于和平，反而破坏了和平赖以维系的基础。

约克王室和兰开斯特王室为争夺王权和继承权而爆发的旷日持久斗争，使英伦三岛多年来沦为血流成河的修罗场。亨利和爱德华两位君王共打了十二次惨烈的战役，更遑论其间无数次遭遇战和围城战。亨利两度沦为爱德华的俘虏，爱德华也曾一度被亨利所擒。当争端只源于个人恩怨时，战争的胜负和民心的向背难以预料，故而亨利曾被从牢狱送回王宫，爱德华也被迫从宫闱逃往异国。但是，由于民意的突变难以长久，人们又将亨利赶下宝座，迎回爱德华继位。议会向来趋炎附势，总是投靠实力最强的一方。

这场王位争夺战从亨利六世执政时开始，直到统一王朝的亨利七世仍未彻底平息。这一时期长达六十七年之久，即从1422年起至1489年止。

总而言之，君主政体和世袭制度不仅使某个国度，而且使整个世界陷入血海和废墟之中。这是《圣经》所斥责的政权形式，因而免不了要引发流血冲突。

倘若吾人仔细审视国王的职责，就会发现在某些国家里，他们几乎是无所事事。在虚度了一生光阴、既无益于己也无益于国之后，他们谢幕退场，让继任者重蹈覆辙，再度荒废岁月。在君主专制国家，内政外交的重担全都落在国王一人肩上。以色列人请求立王时曾恳求道："有王治理我们，统领我们，为我们征战。"但在英伦这样的国度，国王既非士师，亦非将帅，实在让人难以理解他究竟承担着怎样的职责。

任何政体越接近共和制，需要国王处理的政务便越少。要为英伦之政体冠以一个恰如其分的名号，确实有些困难。威廉·梅雷迪思爵士称之为共和制。但就其目前的状况而言，它并不配享有这一称谓，因为国王凭借任意分配官职而产生的腐败影响力，实际上已经独揽大权，侵蚀了下议院（政体中的共和部分）的功能，以致英伦之政体几近法国或西班牙，成为名副其实的君主政体。人们若不了解名称的真正内涵，必然不会轻率地予以赞同。英伦人引以为傲的，并非英伦政体中的君主因素，而是共和因素，即从自己的群体中选举下议院议员的自由。吾人不难看出，当共和土崩瓦解之时，奴役便接踵而至。英伦政体之所以弊病丛生，只因君权已经毒害了共和。国王已然垄断了下议院。

在英伦，一位君主所能为之事，往往不外乎挑起战祸、沽官鬻爵。直言不讳地说，这无异于使国家陷于贫困和纷争。一个人每年伸手可得八十万镑，且还受人顶礼膜拜，实在是一桩美差！然而，在社会和上苍的眼中，一个平凡而诚实的人，要比古今所有加冕的恶棍更有价值。

Engraved from a Picture by Peal of Philadelphia in the Possession of T.B. Hollis Esq.

THOMAS PAINE ESQ.^R
Late Secretary for Foreign Affairs to the American Congress;
Author of
The Rights of Man, Common Sense, &c.

论北美时局

在接下来的数页中，吾将专门陈述一些简单的事实、明晰的论证和常识性的问题。吾恳请读者做好准备，摒弃偏见和成见，让理性和情感独立作出裁断，秉持真诚质朴之心，跳出时代的桎梏，尽可能开阔自己的视野。

关于英美之间的争端这一议题，已有诸多册籍出版。各阶层的人士出于不同的动机和目的，参与了这场论战。然而一切皆属徒劳，如今辩论已经终结。作为最后手段的武力，正主宰着这场争端的走向：诉诸武力乃是英王的抉择，而北美大陆已然接受了这一挑战。

据说，已故的佩勒姆先生（他虽为干练的大臣，却也并非全无过失）曾在下议院受到质询，因其政策仅属权宜之计，他回应道："它们在吾有生之年总还可以推行。"倘若殖民地人民在当前的斗争中都怀有这种短视而怯懦的心态，后世子孙必将以鄙夷的情绪来追忆他们先祖的名字。

太阳从未照耀过一个比吾等更值得称颂的事业。这不仅关乎一城一邑、一州一府或一国一邦，而是关乎一个大陆——至少占据了地球上可居住区域的八分之一。这不是一朝一夕、一年一载或一时一代之事。实则子子孙孙都卷入了这场斗争，并且或多或少地永远受到当下行动的影响。此刻正是播种北美大陆团结、信义和荣誉的时候。今日的一丝细小裂痕，将如同在一棵幼小橡树嫩皮上以针尖刻下的名字。这道伤痕会随着大树生长而扩张，在后人看来，它已化作数个醒目的大字。

随着问题由争论演变为诉诸武力，一个崭新的政治时代已然开启，一种全新的思维方式应运而生。4月19日以前，即战争爆发之前的所有计划、建议等等，都已成为明日黄花。这些东西虽然在当时尚属适宜，现在却已毫无用处，可以束之高阁了。那时对问题各持己见人士的观点，最终都归结到了同一点，即与大不列颠保持联盟，唯一的分歧在于实现这一主张的途径。一方倡议诉诸武力，另一方主张建立友谊。但就目前的实际情况而言，前者已经宣告失败，后者亦不再产生影响。

既然有关和解的种种利弊已经被反复讨论，而它宛如一场美梦般消散殆尽，并未给吾人带来任何收获，那么吾人理应审视论证的另一面，略加探究这些殖民地在与大不列颠维系联系并处于附庸地位的条件下，现在乃至未来将永远遭受的诸多实质损失。吾人应当根据自然法则和常识来审视那种联系和从属关系，看看一旦分离，吾人必须依靠什么，而若是处于附庸地位，又能有何指望。

吾曾听到有人强词夺理地说："既然北美在过去与大不列颠结成联盟时曾经繁荣昌盛，那么为了它未来的幸福，相同的联盟是必不可少的，并且总会产生相同的效果。"然而，没有任何论证比这更加谬误了。你还不如说，因为一个婴孩是靠奶水哺育长大的，所以他永远不该食用肉类，或者说，吾人人生的头二十年应该成为第二个二十年的范本。但这也是强词夺理。因为吾可以斩钉截铁地说，即便当初没有一个欧洲强国的庇护，北美照样能够繁荣发达，甚至可能更加兴旺。它赖以致富的贸易，属于生活必需品的范畴，只要欧洲人还保有饮食的习惯，它就绝不会失去市场。

不过，有人说，这个欧洲国家曾经保护过吾人。不错，它曾将吾人置于它的垄断操纵之下，而它花费吾人的钱财和它自己的钱财来保卫北美大陆，这也是不争的事实。然而，出于同样的动机，也就是为了贸易和统治权，它也会去保卫土耳其。

嗟呼！吾人长期以来被历史久远的偏见所蒙蔽，为迷信付出了巨大的代价。吾人曾经自诩受到大不列颠的庇护，却未曾留意它的动机是利益而非情谊。它并非为了吾人的缘故而保护吾人免受敌人的侵犯，而是为了它自身的利益而抵御它的敌人，为了任何其他目的而防御那些与吾人并无争执的国家，并且为了同样的原因而防备那些将会经常与吾人为敌的国家。如果英伦不肯放弃对北美的专制要求，北美就必须摆脱这种附庸地位。万一法国和西班牙与英伦发生战争，吾人可以与它们保持友好关系。上次汉诺威王朝的战争所造成的苦难，应当警示吾人反对与英伦之种种

托马斯·潘恩

联系。

最近议会中有人强词夺理地说，各殖民地除了通过英伦母国以外，彼此并无直接关系。也就是说，宾夕法尼亚、泽西等等是通过英伦才成为姊妹殖民地。这固然是证明彼此存在关系的一种迂回说法，但也是证明敌意（如果吾可以这样说）的最为简洁而真实的表述。法国和西班牙从未是、也许将永远不会是吾人作为美洲人的敌人，而仅仅是作为大不列颠臣民的敌人。

不过，有人说英伦是吾人之母国。那么它的所作所为就更加可耻了。豺狼尚且不吃自己的孩子，野蛮人也不与亲属争斗。因此，如果那种说法正确的话，反倒是对它的谴责。然而那种说法恰恰是错误的，或者只是部分正确，而英王和他的帮凶们阴险地利用母国或祖国这个词，含有卑鄙的天主教意图，企图暗中影响吾人心地善良的弱点。欧洲，而非英伦，才是北美的母亲。这片新大陆曾经成为欧洲各地受迫害的热爱公民自由和宗教自由的人们的避难所。他们逃到这里来,并非为了躲避母亲的抚慰,而是为了逃离吃人怪物的虐待。最初将移民驱逐出境的那种暴政,至今仍在追逐着他们的后代,这对英伦来说仍然适用。

在这个广袤的世界,吾人突破了狭隘的三百六十英里(英伦南北之长度),以更宏大的视野传递吾人的友谊。吾人主张与欧洲每一位基督徒保持兄弟般的情谊,并以这种宽广的胸怀而感到自豪。

观察吾人在扩展对全球人民友谊的过程中如何不断克服地方偏见的影响,实在是一件趣事。一个出生在英伦某个划分为教区的城市的人,自然会与同一教区的人保持最为紧密的联系(因为他们在许多方面利益相关),并以街坊的称谓来相互识别。如果他在离家仅仅几英里之遥的地方遇到这位街坊,他就会抛开一条街道的狭隘观念,称他为同乡。若是他离开本郡,在其他任何郡县遇见他,他就会突破街道和城镇这些次要的区划,而称呼他为同胞,即同郡人。但如果他们在国外旅行,偶然在法国或欧洲任何其他地区相遇,他们脑海中的地方观念就会扩展到同为英国人这一概念。照此类推,在北美或世界其他任何地区相逢的所有欧洲人,都是同胞:因为英国、荷兰、德国、瑞典等等,与整个世界相比,在更大尺度上所处的地位,正如在更小尺度上划分的街道、城市与郡的地位一样。那些区分范围过于狭窄,不适合北美大陆上人们的心态。即使在本州(宾夕法尼亚)的居民中,英伦人的后代还不到三分之一。因此,吾谴责这种仅适用于英伦之所谓母国或祖国的虚伪辞藻是错误的、自私的、狭隘的和心胸狭窄的。

然而,即便吾人承认自己都是英伦人的后裔,这又有何意义呢?毫无意义。英伦现在既然是一个公开的敌人,那它就丧失了其他一切称谓和头衔:说什么

美国独立纪念馆

和解是吾人的义务,那简直是荒唐可笑的说法。当前这个王朝的国王(威廉一世)是法国人,英伦目前的贵族有一半是法国人的后代。因此,根据同样的推理方式,英伦应当受法国的统治。

关于英伦和殖民地之间的团结问题,人们已经谈论甚多,说什么联合起来它们就能对抗世界各国。但这仅仅是一种猜测。战争的命运难以预料,那些话本身也毫无价值。因为这片大陆绝不会让人把它的居民抽调殆尽,去支援英伦在亚洲、非洲或欧洲的军队。

其次,与世界各国抗衡与吾人又有何干系?吾人的目标是通商贸易,如果妥善经营,它将为吾人赢得整个欧洲的和平与友谊。因为北美成为一个自由港,符合整个欧洲的利益。它的贸易将永远成为一道保护屏障,而它在金银方面产出不丰,可以确保它不受外敌入侵。

吾恳请那些最热衷于倡导和解的人,指出北美大陆由于与大不列颠结盟而能获得哪怕一项益处。吾在此重申这一请求。在我看来，我们甚至连一丁点好处也得不到。吾人的玉米将在欧洲任何市场上畅销，吾人的进口货物必然要在吾人乐意购买的地方进行交易。

然而，吾人由于与英伦结盟而遭受的危害和损失却是不计其数的。吾人对全人类以及对吾人自身的责任告诫吾人要拒绝这种同盟；因为，对大不列颠的任何屈服或依附，都会立即将这片大陆卷入欧洲的各种战争和纷争，使吾人与一些国家发生冲突，而那些国家本来是愿意争取吾人友谊的，吾人对它们也没有愤怒或不满的缘由。既然欧洲是吾人的贸易市场，吾人就应当与欧洲的任何地区保持中立的关系。北美的真正利益在于避开欧洲的各种争端，如果它由于对英伦处于附庸地位，沦为英伦政治天平上的一个微不足道的砝码，它就永远无法置身事外。

欧洲诸国林立，不可能长期维持和平状态，一旦英伦与任何其他国家爆发战争，北美由于它与英伦之关系，在贸易上必定会遭到毁灭性打击。下一次战争的结果也许不会像上一次那样，而如果有所不同的话，现在鼓吹和解的人到那时就会希望分离了，因为在那种情况下保持中立将比参战更能确保安全。一切合理或顺乎自然的事物都在为分离辩护。被杀害者的鲜血和造物主的啜泣声在呼喊："现在是分手的时候了。"甚至上帝都将不列颠置于远离北美的位置，这也顺理成章且有力地证明：不列颠对美洲享有统治权绝非上天的旨意。发现北美大陆的时间也能增强这个论点的力量，而当时各国移民的分布情况则使这一论点更具说服力。美洲的发现先于宗教改革，仿佛是上帝慈悲为怀，特意为以后几年受迫害的人们开辟一方避难所，那时祖国既不会给他们以友谊，也不会给他们以安全。

大不列颠对这片大陆的统治权，是一个迟早会终结的政权形式：一个深思熟虑的人会痛苦而坚定地相信，所谓的"当前政体"只是暂时性的。在这种心境的支配下，他展望未来，绝不会获得真正的快乐。作为父母，吾人深知这个政权不会长久，不能足以保障我们可能传给子孙后代的任何事物，吾人之内心也绝不会感到欣慰：用一种简明的推理方式来说，既然吾人会让下一代承担债务，吾人就应当自己担负起来，否则吾人对待他们的态度就显得卑劣而可怜了。为了准确地认清吾人的责任范畴，吾人应当关怀吾人之子孙，把吾人之职责立场在人生中再推进几年。那样高远的视角将使吾人看到一种被当前某些恐惧和偏见所遮蔽的局面。

尽管吾愿意谨慎地避免作不必要的抨击，但吾却认为，凡是支持和解论调的人都可以归入以下几类：私欲膨胀的不可靠之人，头脑糊涂的愚钝之人，不愿了解事物的偏执之人，还有一群过于重视欧洲世界稳定的谨慎之人。而这最后一类，由于考虑不周，将比其他三类给北美大陆带来更多的灾难。

许多人居住的地点，远离目前发生不幸事件的现场，这是他们的幸运。灾祸并没有完全降临到他们的门前，使他们意识到北美的全部财产岌岌可危。然而让吾人的想象力把吾人带到波士顿去停留片刻吧。那个充满灾难的地方会教吾人变得更加聪明，并告诫吾人永远与一个吾人无法信赖的政权断绝关系。就在几个月以前，那个不幸城市的居民们还过着安康富足的生活，但他们现在除了呆在那里挨饿或外出乞讨之外，别无他法。他们如果继续留在城中，就有遭受朋友们炮火轰击的危险。他们如果离开，就要被军队洗劫一空。在目前的情况下，他们是一些没有解脱希望的囚徒，在实施总攻击来营救他们的时候，他们将暴露在双方军队的猛烈炮火之下。

秉性迟钝之人或许会对大不列颠的侵略行径视而

托马斯·潘恩

不见，仍旧抱持乐观态度，动辄高喊："来吧，来吧，纵然发生这一切事端，吾人依然可以和好如初。"然而请诸位仔细审视人性的情感和感受，将和解的主张置于自然的准则下衡量，然后告诉吾，尔等今后是否还能热爱、尊敬那个已经在尔等故土上残杀、纵火的政权并忠心耿耿地为它效力？假如这一切尔等都无法做到，那么尔等不过是掩耳盗铃，尔等的迟疑不决将使子孙后代遭受毁灭。尔等既无法敬爱英伦，那尔等未来与英伦之联系必定是扭捏的、不自然的，并且因它仅仅基于权宜之计而建立，它很快就会倒退到比从前更加不幸的老路上去。如果尔等声称，尔等还能容忍那些侵犯，那么吾要请问，尔等的房舍可曾被付之一炬？尔等的财产是否在尔等眼前被肆意破坏？尔等的妻儿是否仍有床铺安眠、有食粮果腹？尔等的双亲子女可曾遭受他们的毒手，而尔等自己是否在流离失所中死里逃生？如果尔等未曾有此遭遇，尔等就无法体恤那些经历过这些苦难的人的心境。但如果尔等遭此大难，却还能与凶手谈笑风生，那么尔等便不配称为丈夫、父亲、朋友或爱人，无论尔等此生地位多高、头衔多显赫，尔等都怀揣着懦夫的心肠和马屁精的灵魂。

这并非是危言耸听或夸大其词，而是以自然所公认的正当情感和感受来审视这些问题，如果缺乏那些情感和感受，吾人就无法完满地履行人生的社会职责，也无法享受人生的种种幸福。吾的本意并非要揭示恐怖的场景来激起复仇的情绪，而是要唤醒吾人，不再优柔寡断，醉生梦死，从而能够坚定不移地追寻某个明确的目标。如果北美不是因为迟疑和怯懦而自陷于被征服的境地，英伦或欧洲是无法征服北美的。当前这个冬季如果运用得当，可以抵得上一个时代，但如果懈怠和忽视，整个大陆将同受不幸。只要如此宝贵而有益的季节在某人手中被白白浪费，那么无论他是谁、他担任何种职务或他居住何处,他以任何方式被惩处,都是罪有应得的。

认为这片大陆可以长期臣服于任何外来势力的统治,这种想法有悖常理,违背事物发展的规律,也不符合历史的先例。即使是英伦最为自负的人士也不敢如此妄想。在当下时局,人们即便竭尽智慧,要在不谈分离的前提下保证这片大陆苟延残喘一年,也是无法办到的。和解在当前已是一个荒诞的梦想。造化既已抛弃这种联系,人力又怎能有所补救?正如弥尔顿曾经精辟地表达的那样,"在不共戴天之仇的创伤已经撕裂得如此深重的地方,永远不可能产生真正的和解"。

每一种追求和平的温和方式都已经失去效力。吾人一再恳求,却屡遭轻蔑地一口回绝。这使吾人认识到,反复地请愿只会助长国王们的傲慢,证实他们的顽固,而且唯有如此做法,才最能滋长欧洲国王们的专制。看看丹麦和瑞典，它们就是鲜明的例证。因此，既然除了战争别无他法，那么看在上帝的分上，让我们彻底分离吧，不要让下一代在"父子"这些被亵渎而失去意义的称谓下相互残杀。

若说他们不会再有那样的企图，这纯属凭空臆测，毫无根据。吾人曾对废除印花税法抱有同样的想法，然而短短一两年的时间吾人的幻梦就被击碎了。否则吾人也可以认为那些已经战败的国家永远不会再挑起争端了。

至于治理的问题，英伦是无法以公平合理的方式来治理这片大陆的：它的事务不久将变得纷繁复杂，非一个与吾人相距如此遥远、对吾人如此无知的国家用种种权宜之计所能应对。因为如果他们无法征服吾人，他们就无法治理吾人。为了一件事情或一项申请，要来回奔波三四千英里，为了批复要等待四五个月，而得到批复后又需要五六个月来加以解释，这种情况用不了几年就会被视为荒谬和幼稚的行径。曾经有一段时期，它是恰当的，而现在是该结束它的恰当时机。

几个无法自保的弹丸小岛，是王国将其置于保护之下的恰当对象。但若认为一个大陆可以永远受制于一个岛国，那就未免有些荒谬可笑。在自然界中从未有卫星大于主星的先例。既然英伦和北美在彼此的关系上悖逆自然的普遍规律，那么显而易见，它们属于不同的体系。英伦属于欧洲，北美属于它自己。

吾并非出于骄矜、党同伐异或怨愤的动机而拥护分离与独立的主张。吾在良知中清晰而坚定地深信，如此行事乃是符合这片大陆的根本利益的。任何缺乏真正利益支撑的事业只是一种拼凑，无法提供长久的福祉。这无异于让吾人的子孙后代遭受残杀，无异于在只需再努力一点、再迈进一步就能使这片大陆成为全世界的荣耀之际却畏缩不前。

既然不列颠毫无寻求和解的意愿，吾人可以确信，

托马斯·杰斐逊等人起草《独立宣言》

所能获得的条件是不值得北美大陆接受的，或者所能达成的目标是抵不上吾人已经付出的生灵涂炭和财富损失的。

所争取的目标应当总是与所耗费的代价保持某种恰当的比例方为合宜。诺斯的去职或整个可恶的私党的解散，是不足以弥补吾人所作出的如此巨大牺牲的。暂停贸易只是带来一种不便，如果能够废除所有受到申诉的法案，吾人完全可以忍受这种不便。然而，倘若整个大陆都必须拿起武器，倘若每个人都必须成为战士，仅仅为了对抗一个卑劣的政府而战，吾人这样做几乎是不值得的。倘若吾人所争取的只是废除一些法案，吾人花费的代价未免过于高昂。因为，按照公正的估价，为了法律而付出邦克山的代价①，就像为了土地而付出那样的代价一样，实在是愚不可及。吾

---

① "邦克山的代价"，隐喻战争的代价。邦克山战役是美国独立战争中的重要战役。

一贯认为这片大陆的独立,是迟早会实现的一件大事。同样地,根据近来大陆向成熟阶段迅猛发展的态势来看,这件大事断不会遥遥无期。因此,在战争已然爆发之际,吾人不值得为这样一个问题而争论,这个问题如果吾人不认真辩驳,最终也必将由时间来予以解决。否则,这就犹如向法庭控告一个租期刚满的佃户,要求制止他侵犯产权,结果在诉讼中倾家荡产一般。在致命的1775年4月19日之前,吾本人可谓是最渴望和解的人,但当吾得知那天所发生的事件,吾便永远与那个冷酷、乖戾的不列颠法老决裂,并且鄙视那个恶棍,因为他虽然自称"人民之父",却能冷酷地听闻他们遭到屠戮的消息,灵魂上沾满他们的鲜血而酣然入梦。

然而,倘若承认问题已经解决,将会导致怎样的后果呢?吾可以回答,结果便是北美大陆的毁灭。有几层缘由可以阐明:

首先，各种治理的权柄仍掌控在英王手中，他会否决这片大陆的全部立法。既然他已经暴露出自己是自由的不共戴天的敌人，显露出对于专制政权的无限渴望，那么他岂不必然要对这些殖民地的人民宣告："除非经朕首肯，不准尔等制定任何法律！"北美莫非还有哪位居民如此无知，竟不了解按照所谓现行的政体规定，除非经过国王批准，这片大陆不能制定任何法律吗？是否有人如此愚昧，竟看不出（根据所发生的情况来判断）他除了那些能够迎合他的意图的法律以外，不会允许吾人在此制定任何法律吗？北美没有法律，或顺从英伦为吾人制定的法律，实质上都可以奴役吾人。在问题已经解决（有人如是说）之后，难道还会怀疑国王必定会运用全部权力来竭力镇压和抑制这片大陆吗？不进则退，抑或永远争论不休、永远可笑地提出请愿。吾人已经达到的强盛程度，并非英王希望吾人达到的，他此后岂不会设法削弱吾人吗？

托马斯·潘恩

总而言之，一个嫉妒吾人繁荣昌盛的政权岂是适宜来治理吾人的？凡是对这一问题持否定态度的人乃是一个独立人士，因为独立的问题无非意味着：究竟是吾人自行制定吾人的法律，还是让这片大陆目前和将来最大的敌人——英王来号令吾人："除吾所喜欢的法律以外，不准有任何其他法律。"

你或许会言之凿凿地说，英王在英伦三岛拥有至高无上的否决权。那片土地上的人民，若没有经过他的首肯，就无法制定任何法律。按照常理与正道来看，一个方才二十一岁的青年（这种情况屡见不鲜）竟然可以对数百万比他年长而智慧的人说，"朕禁止尔等通过的某项决议成为法律"，这简直是荒诞至极、可笑至极的。但是，在当前这个节骨眼上，吾并不想作出这样的回应，尽管吾仍然要继续揭露那种说法的荒唐可笑，而只是反驳道："英伦是英王权力的大本营，而北美则并非如此，这一点造就了天壤之别的局面。"

英王在这片土地上行使否决权的危害性，要比在英伦三岛大上十倍。因为在英伦本土，对于一项旨在增强国防实力的议案，他是断然不会拒绝签署的，但在北美，他绝对不会让这样的议案获得通过。

在英伦之政治体系中，北美不过是居于从属、次要的地位。只有在符合英伦本身利益的情况下，这个国家才会考虑北美的利益。因此，英伦自身的利害关系，必然会促使它在任何无法增进其利益的场合下，竭尽全力阻碍吾人的发展，或者至少要设置重重障碍。从已经发生的种种情况来看，在这样一个间接统治的政府之下，吾人的处境很快就会变得岌岌可危！人们不会仅仅因为改换了一个称谓，就能够从敌人转变为朋友。为了说明主张和解的危险性，吾敢断言，英王为了重新确立他在各个属地的统治地位，现在所采取的政策将是废除那些法令。其真正目的在于运用阴谋诡计，最终完成他在短时间内无法通过武力和暴力达成的目标。和解与毁灭，实质上是密不可分、息息相关的。

其二，即便吾人能够期望获得最好的条件，也不过是一种权宜之计，一种暂时的保护政权，这种政权在殖民地达到成熟之际便不复存在，因此，整体形势和局面终将是动荡不安、前景黯淡的。富有的移民断然不会愿意迁居到这样一个国度，一个政权朝不保夕、随时可能陷入骚乱和混乱的国度。而现有的居民也会抓住机会处置他们的财产，逃离这片大陆。

然而，所有支持独立的论点中，最有力的一条是：只有独立并建立一个统一的大陆性政权，才能维护美洲大陆的和平，使其免遭内战的蹂躏。吾极其担心与英国和解的后果，因为在和解之后，美洲的某个地区很可能会发生叛乱，而这种叛乱的后果可能比英伦的一切敌意都要致命得多。

英伦人的野蛮暴行已经毁灭了成千上万人的生活，

还有成千上万的人或许也会遭遇同样的命运。那些人的感情状态是吾人这些幸免于难的人体会不到的。他们现在唯一拥有的财富就是自由：他们曾经享有的一切，已经在争取自由的斗争中牺牲殆尽，如今他们既已一无所有，也就极度鄙视屈服。其次，殖民地对英伦政府的普遍情绪，将类似一个步入成年的青年，他们不会对其怀有任何敬畏之心。一个无法维护治安的政府，根本就不配称之为政府，在那种情况下，吾人纳税供奉实属冤枉。请问，如果在和解后的第二天国内爆发暴动，那么力量仅仅体现在纸面上的英伦，又能有何作为呢？吾曾听到有人说（恐怕信他们中的许多人是未经深思熟虑的），他们害怕独立，担心独立后可能会引发内战。缺乏深思熟虑的想法往往偏离真理，这里也不例外，因为一个权宜的关系相比独立，更有可能酿成多达十倍令人忧虑的事端。吾以受害者的身份坚决声明，如果有人将吾逐出家门，摧毁吾财产，破坏吾生活环境，那么作为一个不甘受辱的男子汉，吾绝不会同意和解的主张，也不认为吾有义务赞同这个主张。

各殖民地已经展现出了良好的秩序和服从大陆政权的精神，这足以让每一个通情达理的人在这一点上感到欣慰。如果有人担心某个殖民地会谋求凌驾于其他殖民地之上，那么他的恐惧只能建立在真正幼稚和荒谬的理由之上。

既然彼此并无差异，就不会产生地位优劣的问题。完全的平等绝非诱人走向歧途的导因。欧洲各共和国现在都处于和睦相处的状态，而且吾人可以说他们历来如此。荷兰和瑞士无论对内还是对外，都不存在战争。的确，君主制国家绝不可能长期享有平安，王位本身就是对国内不逞之徒的诱惑力量。君权所伴随的那种极度的傲慢和专横，容易在某些事务上与外国发生冲突，而在相同情况下，一个建立在更加自然原则

《独立宣言》

基础上的共和政体，却能够克服那种错误。

如果真有理由担心独立，那是因为尚未制定出周详的计划。人们看不清前进的道路。因此，抛砖引玉，吾谨提出以下建议。同时吾谦虚地声明，我自己对这些建议并无其他看法，仅认为它们可能成为催生更优方案的一种途径。汇聚众人纷繁芜杂的思绪，往往能够提供一种素材，由睿智而老练之士将其塑造成有益之物。

议会应每年召开一次，只设一位议长。代表权要更加平等。议会的职责完全限于国内事务，并服从大陆会议的权威。

每一殖民地应划分为六个、八个或十个大小适中的区域，每个区域都推举若干代表参加大陆会议，因此每一殖民地至少将派出三十名代表。大陆会议的全体代表人数将不少于三百九十人。每届大陆会议开始时，应按以下方式选举一位议长。当代表齐聚一堂时，从全部十三个殖民地中抽签选出一个，然后由会议从该州的代表中投票选举一人担任议长。在下一届大陆会议上，仅从其余十二个殖民地中抽签，上届已经产生议长的殖民地不再参与抽签，此后依此程序进行，直至十三个殖民地悉数轮换完毕。为了确保所通过的法律绝对正当，不低于五分之三的人数才能构成多数。在一个如此平等组建的政府下，任何制造纷争的人都等同于路西法的叛党。

诚然，在这一关键时刻，谁应当挺身而出，率先采取行动，以何种方式推进这一伟业，确实是一个令人深思且颇感棘手的问题。既然在统治者与被统治者之间，即大陆会议与人民之间，似乎应当由某个中间团体来发起这一进程，那就让吾人以如下方式，按照下列宗旨，召开一次联合大陆会议。

这一会议的委员会应当由大陆会议推举二十六位委员组成，即每个殖民地推举两位代表。每个州的议会下院或制宪会议也应选派两位委员参加。此外，每个州还应选出五位代表，代表全州利益并对全州负责。这些代表应当由各州首府或首邑中尽可能多的合格选民参与选举产生。如条件允许，也可以在人口最为稠密的两三个地区进行选举。通过这种方式召开的会议，将集合起办理大事所必需的两大要素：智慧与力量。大陆会议、各州议会下院或制宪会议的成员，凭借他们在国家事务中积累的丰富经验，将成为睿智且高效的议员。而整个会议既然经由人民授权而产生，就拥有真正合法的权力。

当议员们集会之时，应当着手起草一部《大陆宪章》或《联合殖民地宪章》以取代所谓的英国《大宪章》。这部宪章需要明确规定大陆会议议员、州议会下院议员的人数和选举方式，以及会议日期，划清行政权与司法权的界限。吾人必须时刻铭记，吾人之力量来源于整个大陆，而非单个的州。宪章还应当根据良知的指引，为所有人确保自由和财产，尤其是信仰自由，以及其他必要的条款。在宪章通过后，上述会议应当立即解散，并依据宪章选举产生一批人，暂时担任这个大陆的立法者和地方长官。愿上帝保佑他们平安幸福。阿门。

如果今后为了这个或类似的目的，需要任命一些人选的话，吾想向他们推荐睿智的政治学家德拉戈内蒂的一段话。他在《论德行与报酬》一书中写道："政治家的科学，在于确定幸福与自由的真谛。能够发现一种政体，使国家以最小的代价为个人谋求最大幸福的人，理应受到万世景仰。"

或有人问道，北美的君王何在？吾友，请容吾告诉你，他高居天国之上，统御万方，不似那大不列颠的皇家畜生，残害生灵。然而，若吾人庄严宣告宪章之日终将来临，但愿吾人即便在世俗德行方面，也不露丝毫瑕疵。让吾人发布的宪章以神法和《圣经》为基石，让吾人为这部宪章加冕，从而昭示天下，吾人是否拥护君主政体，以及北美的法律即是至高无上的君王。因为在专制政府中，君主就是法律。同理，在自由国度里，法律就应成为君主，别无他选。但为防日后滥用至高权威之弊端，不妨在典礼终了之时，废除君主之称，将其分散于享有此称号权利的人民之中。

组建自己的政府，乃是吾人与生俱来的权利。当一个人审慎思考世事变迁之际，他必定深信，以冷静审慎之态度筹划吾人自身的政体形式，远比将如此重大的问题委之于时间和机遇的摆布，要明智和稳妥得多。倘若吾人现在错失良机，将来或许会有马萨涅洛那样的人物出现，他们一旦掌控民意涌动之势，便可能聚集亡命之徒和不满分子，攫取政权，最终如洪水般冲毁北美大陆的各项自由权利。万一北美的政权再度落入英伦之手，动荡局势也可能诱使某个孤注一掷的冒险家前来碰运气。届时，英伦又能给吾人什么援

托马斯·潘恩

助呢？在它听闻消息之前，那个不幸的结局已经注定。而吾人自己就会像处于征服者压迫下的可怜的不列颠人一样备受煎熬。尔等这些现在反对独立的人啊，尔等不知自己在做些什么：尔等让权力的宝座虚位以待，为无尽的苛政敞开方便之门。在千千万万人看来，将那些煽动印第安人和黑人起来屠戮吾人的野蛮凶残势力逐出这片大陆，是无上光荣之举。那些势力的残暴行径犯下双重罪孽，它们残忍地对待吾人，奸诈地利用他们。

  对某些人而言，吾人的理性告诫吾人不要轻信，吾人饱受创伤的情感更嘱咐吾人要心怀憎恶。若与这些人谈论友谊，无异于荒唐愚蠢。吾人与他们之间仅存的一丝牵绊正在日益消磨。难道有什么理由可以指望，当这种联系灰飞烟灭之时，情谊反倒会与日俱增？或者当吾人的争议之事较之从前激增十倍之际，吾人反而会更加趋于一致？

尔等这些劝诫吾人要重视和谐共处、融洽相处的人啊，能否把已然逝去的时光重新赠予吾人？尔等能否将昔日的纯洁重新归还那失贞的女子？尔等妄图促成英伦与北美和解，终将徒劳无功。如今，维系吾人的最后一根纽带已然断裂，英伦人正在以各种言论抨击吾人。他们的侵害和侮辱已到了天理难容的地步。倘若天理宽恕这一切，那它就不配称为天理。正如一个丈夫无法原谅那强暴其妻子之人，北美大陆也绝不能宽恕那些英伦之杀人凶手。上帝已赋予吾人一股不可遏制的决心，去做有益而明智之事。这种决心是吾人内心深处上帝形象的守护神，是吾人区别于普通动物的特质。假如吾人不能明辨是非曲直，社会契约就会瓦解，公道将在世间销声匿迹，或仅偶尔露面。倘若吾人所遭受的侮辱不能激起吾人伸张正义的愤慨，盗贼和杀人凶手便会逍遥法外。

啊！尔等这些博爱之士！尔等这些不仅敢于反抗

暴政，更敢于直面暴君的人们，请挺身而出！旧世界各处充斥着压迫。自由在全球各个角落遭到追捕，亚洲和非洲早已将她驱逐，欧洲视她为异己，而英伦更是向她下达逐客令。啊！让吾人接纳这位流亡者，及时为人类准备一方避难之所吧！

THOMAS PAINE,

Published as the Act directs by W. T. Sherwin May 1 1819.

论北美当下实力

——兼叙杂感

无论在英伦或北美大陆,凡吾所遇之人无不坦然承认,两国注定终将分道扬镳。然而,当吾人力图阐述北美大陆业已具备独立之条件、时机已然成熟之际,吾人反而较之往昔更少发表经过审慎思量之见解。

既然众人皆认同此一方案,分歧仅在于实施之时间,为避免谬误,吾人当概括审视时局,于可能之条件下探寻恰当之时机。然而,吾无需赘言,探讨之过程立即便告一段落，盖因时机已然降临吾人。诸多形势之全面契合，亦即诸多形势之振奋人心的一致性，证实了这一事实。

吾人之伟大力量在于团结一心，而非在于人数之多寡。然而吾人现有之人数已足以抵御全世界之武力。北美大陆目前拥有之武装齐备且训练有素之部队，超越世界上任何其他国家，且恰好在实力上达到如此境地，即单一殖民地无法独立生存，但联合之整体却无所不能。吾人之陆上兵力绰绰有余，至于海军方面，只要此大陆仍为英伦所掌控，吾人就不得不敏锐地意识到，英伦永不允许北美建造一艘战舰。因此，即便一百年之后，吾人在这一领域也不会较之今日有更多进展。而实际情况或许还不如今日，因吾国之木材日渐减少，剩余者不是位于遥远之地，便是难以取得。

倘若大陆人口拥挤，其在当前情况下所受之痛苦将难以忍受。吾人之港口城市愈多，吾人需要防守和放弃之城市亦愈多。吾人现今之人数幸而在比例上适合吾人之需求，因此无人会无所事事。商业之减少能够产生一支大军，而一支大军之军需又催生新的商业。

吾人并无欠债之负累，而吾人为此理由而承担的债务，将成为吾人美德的光辉纪念。倘若吾人能够为后代留下一个稳固的政体、一个独树一帜的独立政权，无论付出何等代价都是物有所值。然而，如果仅仅是为了废除几项可憎的法令和推翻当前政府，那么耗费数百万英镑实在得不偿失，而这种对待后人的方式也极为残酷。因为这意味着，吾人留给他们的是一项有待完成的艰巨任务和一笔他们无法从中获益的债务。有自尊之士不应怀有此等念头，这完全是心胸狭隘之人和庸碌政客的想法。

只要大业成功，即便承担些许债务也无需吾人忧虑。任何一个国家都不应毫无债务。国债即是国家的担保。即便无需支付利息，也绝非什么了不起的

第二届大陆会议

事情。英伦负债超过一亿四千万英镑,每年支付的利息超过四百万英镑。它拥有一支强大的海军,作为其负债的补偿。北美无债无累,亦无海军。然而吾人只需花费英伦国债的二十分之一,便可拥有同等强大的海军。英伦海军目前的价值不足三百五十万英镑。

本册的第一、第二版,并未列出以下计算数据,现予以列出,为上述估算提供充分依据。参见恩蒂克所著《海军史》绪论第56页。

根据海军大臣波彻特先生的计算,每种等级船舰的造价,包括桅杆、帆桁、帆具和索具的装备费用,以及按比例储备的八个月水手和船匠口粮,如下:

一艘配备100门炮的船舰费用 …………… 35553英镑

一艘配备90门炮的船舰费用 …………… 29886英镑

一艘配备80门炮的船舰费用 …………… 23638英镑

一艘配备70门炮的船舰费用 …………… 17785英镑

一艘配备 60 门炮的船舰费用 …………… 14197 英镑

一艘配备 50 门炮的船舰费用 …………… 10606 英镑

一艘配备 40 门炮的船舰费用 …………… 7558 英镑

一艘配备 30 门炮的船舰费用 …………… 5846 英镑

一艘配备 20 门炮的船舰费用 …………… 3710 英镑

由此，可以轻易计算出英伦全部海军的价值或造价，它在 1757 年的鼎盛时期拥有以下数量的船舰和火炮：

船舰数	火炮数	每艘造价	总造价
6	100	35553 英镑	213318 英镑
12	90	29886 英镑	358632 英镑
12	80	23638 英镑	283656 英镑
43	70	17785 英镑	764755 英镑
35	60	14197 英镑	496895 英镑
40	50	10606 英镑	424240 英镑
45	40	7558 英镑	340110 英镑
58	20	3710 英镑	215180 英镑

85	单桅帆船、爆破船、放火船	2000 英镑	170000 英镑
合计			3266786 英镑
余额	供添置火炮		233214 英镑
总计			3500000 英镑

天下万国，莫有处于如此得天独厚之位置者，亦无一国能如北美这般从内部筹建舰队。柏油、木材、铁器、绳索皆为其天然产物。吾人无需向外国购买分毫。荷兰人将其军舰出租于西班牙人和葡萄牙人，从中获取巨额利润，然而他们所用之原料却大多需从国外进口。既然兴建舰队在吾国具有得天独厚之自然条件，吾人理应将此事视为一项商业。这是吾人所能进行的最有利可图之投资。一支建成的海军舰队，其价值远超其造价。而国家政策之意义深远之处，正在于将商业与国防融为一体。让吾人动工建造吧。若吾人无需这些舰船，吾人可以将其出售，借此用金银现钞

来取代吾人的纸币。

对于舰队人员配置的问题，世人多有误解。实无需四分之一的人为水手。"恐怖号"私掠船及其"死神"船长在上一场战争中经历了最激烈的战斗，当时船上只有不到二十名水手，尽管按规定该船的编制人数应超过二百人。只需几位训练有素、善于交际的水手，便可使众多积极上进的新水手迅速掌握船上的常规工作。因此，如今吾国木材供应充裕，渔场遭到封锁，水手和船匠面临失业，在此时开创吾人的海上事业，可谓千载难逢的良机。四十年前，新英格兰曾造过数艘配备七八十门火炮的战舰，为何现在不采取同样的行动？造船业乃北美最值得骄傲的事业，他日北美必将在这一领域超越世界各国。东方古老的大帝国大多位于内陆，因此不可能与北美匹敌。非洲尚处蒙昧状态。而欧洲任何国家既无如此绵长的海岸线，亦无如此充足的国内原料供应。自然界对人类的馈赠，常在一方面慷慨，另一方面吝啬。唯独对北美，它在这两个方面都十分大方。幅员辽阔的俄罗斯帝国几乎无出海通道，因此其取之不尽的森林、柏油、铁器和绳索不过是商品而已。

从安全角度而言，难道吾人不应拥有舰队吗？吾人已不再是六十年前微不足道之辈。当时吾人或许将财产置于街头，甚或田野之上，无需闭锁门户便可安枕无忧。现今情势已然不同，吾人自卫的方式应随着财富的增长而与时俱进。十二个月前，一个普通的海盗很可能溯特拉华河而上，向费城居民肆意勒索巨款。其他地方亦可能发生类似的意外。不仅如此，任何剽悍之徒利用一艘配备十四或十六门火炮的双桅船，或许就能洗劫整个大陆，掠走五十万镑钱财。这些情况值得吾人深思，并凸显了海防的必要性。

或有愚昧之徒妄言，吾辈与英伦议和，彼将庇佑吾等。岂料其痴昧至斯，竟以为其将驻兵吾港，以护

美国独立纪念馆

卫吾民乎？理性昭示，历来欲加吾辈以桎梏者，实乃列国中最不堪任吾土防者。其可假友谊之名，行征伐之实。吾辈身陷敌手，历经长期英勇抗争，终陷欺骗陷阱，沦为奴隶。若吾等不容其军舰入吾港，试问其何以保卫吾乎？数千里外之舰队，于危急存亡之秋，焉能奏效？是故，倘吾辈他日不得不自卫，何不自力更生，岂可仰人鼻息乎？

英伦军舰，其名单洋洋洒洒，然可用之舰，十不得一，多业已覆没。即使残存一木，犹冠其名于册。舰之可用者，遑论驻泊军港，亦不逾五分之一。东、西印度群岛，地中海，非洲，以及英伦势力扩张之地，皆对其海军需求甚巨。吾辈心存偏见，疏于觉察，对英伦海军存妄念，似谓吾辈须与其全部军舰抗衡，因而认为唯有建造同等规模之舰队方可为之，此不切实际之想法，曾为隐匿之托利党人所利用，欲挫败吾辈初步建军之计。此殆为谬见之尤者，盖以北美仅需英舰二十分之一，即可为英伦之强敌。吾辈既无域外殖民之意图，舰队尽可用于本土海疆。于此，吾辈优势加倍，敌若欲犯，则需跋涉三四千英里，至此休整补给，穷于奔命。纵使英伦舰队能截断吾辈通欧贸易，然吾亦能以北美之地利，阻其西印度群岛之商路，盖该群岛附于北美大陆，尽在吾辈掌控之中也。

倘若吾辈认为无需维持常备海军，则亦可想出一法，以在承平时期保持海军兵力。若能奖励商贾建造二十、三十、四十或五十尊火炮之舰（奖金之多寡以其在载货容积上之损失为度），如此船只仅需五六十艘，再佐以数艘警备舰，即可维持一支强力之海军。如此之法，可使吾辈免于英伦深恶痛绝之厄运，即于和平之时，任舰队朽烂于船坞之中。商贸与国防并举，乃上策也。盖吾辈兵强财盛之时，外敌不足畏也。

国防所需，吾土几无不备。处处生苎麻，故索具不虞匮乏。吾铁之质，冠于列国。吾轻武器，不逊于天下任何同类之械。铸炮泰然自如，硝石火药，日产不辍。学识与日俱进，意志坚定乃吾民之天性，而勇气亦从未离吾辈而去。然则吾辈尚欠缺何物？又为何踌躇不前？自英伦之手，除毁灭之外，别无所得。倘其复得北美之治权，此大陆不复宜居。猜忌迭起，暴乱接踵，谁欲出而弥合？孰肯冒生命之危，逼同胞俯首外族之下？宾州与康州争界之事，足证英政权之不足轻重，并充分说明唯北美大陆之政权，方能治理北美大陆之事务。

时不吾待，机不可失，此乃大好时机，又一理由在于：今吾民尚少，地广人稀，若不任其君王胡乱赏赐鄙陋佞臣，此后可用以偿还时下债务，且长久支撑政权开销。举世之国，鲜有如此良机者。

吾辈所言各殖民地之幼稚，实乃独立之利，而非独立之弊。今吾民数已众，再增恐团结不如从前。值得注意者，国之人丁愈旺，其军愈衰。军力之数，古胜于今，其理甚明：商贸乃人口兴旺之结果，民专注商贾，他事不顾。商业消磨爱国卫国之志。史册昭示，最勇之业，多成于国之少年时期。英伦随商贸之兴，元气已丧。伦敦城人丁虽众，却以懦夫之涵养，忍受接踵而来之凌辱。民之畏失者愈多，其愈不愿冒险。富人多为恐惧之奴，战战兢兢，趋炎附势，媚上欺下。

少年时代，乃良习播种之季，个人如是，国家亦然。五十年后，欲使北美大陆合为一政，即使非不可为，恐亦艰难。贸易与人口之增，利害交错，混乱由生。彼此殖民地将反目为仇。各殖民地羽翼渐丰，将不屑相助：愚人因一己之成就沾沾自喜时，智者将长叹不已，悔其未及早成盟。故今正是成盟之大好良机。少年结友，患难与共，此情最为恒久牢固。今盟之成，正兼此二者：吾辈尚在少年，且曾共历患难。然吾辈团结一心，抗灾御难，正开创一个足以垂范后世之不朽纪元。

且夫，此时乃国家千载难逢之际，唯有一次机会组建政权。多数国家错失良机，不得不接受征服者之律令，而非为己制法。彼辈先有君王，后有政体；先定统治之条款或宪章，后委人执行：吾辈当以他国之过为鉴，把握时机，自始至终妥善处理政权问题。

当威廉一世征服英伦时，强迫其民接受法律。同理，吾辈若不先认可北美中央政权之合法性与实权地位，则有被奸佞窃据实权之虞，彼可能以同等态度对待吾辈，届时吾辈之自由与财产将何在？

至于宗教，吾以为所有政权必须保护所有真诚宣示其宗教信仰者，此外别无他法。若人能摒弃世俗之偏见与自私自利——此乃所有行业中的吝啬之人所不愿割舍的——那么，他就能够立即摆脱这方面的恐惧。猜忌乃狭隘之伴，乃社会幸福之毒药。就吾而言，笃信多元宗教信仰之存在，乃上帝之意。此乃基督教徒发扬仁爱之广阔园地；若吾辈思想一致，宗教信仰将

THOMAS PAINE.

Secrétaire du Congrès au département des affaires étrangères, pendant la guerre d'Amérique, auteur du Sens commun, et des réponses à BURKE. Député à la Convention Nationale par le Département du Pas de Calais l'an 1.er de la République.

Rue du Théâtre Français N.º 4.

无从检验。本此超然原则，吾视吾辈之各教派如一家之子，只是教名有异而已。

吾曾于前文略陈己见，论及《大陆宪章》之要义（盖吾以为提供线索而非计划），今再冒昧提及，以为宪章乃众人共同履行神圣义务之盟约，借以维护个人在宗教、职业自由或财产方面之权利。牢不可破之契约与公平合理之对待，方能使友谊天长地久。

于前文，吾亦曾言及建立广泛平等之代表制之必要，此乃政治问题中最值得关注者。选民与代表之数量稀少，皆危险也。若代表之数不仅少，且不均，则危险更甚。吾举一例以证之：当参加联合运动者之请愿书提交宾夕法尼亚州议会众议院时，到会者仅二十八人。八名巴克士县议员一致反对，七名切斯特县议员亦步亦趋，整州遂为区区两县所操纵。此种危险时有发生。该众议院上次开会时扬言要竭力压制该州代表，如此大言不惭，当促全体人民警惕，慎勿轻易托付权力。议员们所拟指示，论理论事，连童蒙之不齿，然经少数乃至极少数人赞成，遂以全州之名义通过。另一方面，若全州人民知晓该议会拟定公共措施时存有恶意，必会毫不犹豫地认为议员辜负重托。

迫切需要致使多事权宜，若权宜之计久用不改，则化为苦难。权宜与正当判若云泥。当北美之难需会商解决时，由数州议会众议院指派代表，诚为最便捷适当之法。彼等尽智尽力，使此大陆免于毁灭。然而，既不可能永无议会，则凡热望良治者，必然承认议员选举之法值得斟酌。吾欲问研究人性者：同一群人兼有代议与选举之权，其权力岂非过于广大？吾辈为后世谋，当铭记德行非可遗传也。

吾人常从敌手处获益良多，惊觉于彼之过，始以理智作合理之判。康沃尔先生（财政委员之一）轻蔑纽约州议会众议院之请愿，以其议员仅二十六人，强调如此寡众不足以代表全体。吾人感谢其无意之诚。

总而言之，不论他人感奇与否，不论其愿与不愿，皆无关宏旨。吾人可举数条有力而显著之理，证明唯有公开断然宣布独立，方能迅速解决问题。其要者有：

其一，依国际惯例，当两国交战，不与争端之国出面调解，提出和约预备条款；然而，北美大陆人民自称大不列颠臣民，则任何国家虽怀好感，亦不能充当调停人。是以目前情况下，恐将永无止息。

其二，有人以为法国或西班牙或将助吾，倘若吾人仅欲借此弥合裂痕，巩固英美关系，此想法殊不合理，盖其后果将使该等国家蒙受损失。

其三，吾人自称英伦臣民，在外国眼中必然被视为"反叛者"，许多人挟臣民之名而起，此先例对外国治安危险殊深。吾人可立即解此矛盾。然欲使抵抗与臣服并存，却需运用精妙之思，非常人所能解。

其四，倘若吾人发表宣言，分送各外国朝廷，陈述所受痛苦，以及行之无效之和平补救；同时宣布，

1776年《独立宣言》发表,美国宣布独立

在英廷残酷统治下不能幸福安全，已不得不与之割断；并向各朝廷保证，吾人对之抱持和平意愿，希冀通商贸易：如此备忘，对此大陆而言，其效当优于运船载请愿书至英伦也。

吾人目前仍带英伦臣民之名，在国外既不能被接纳，亦不能被承认：各国朝廷之惯例对吾人不利，并将永此不变，直至吾人借独立而与他国比肩为止。

此等行动乍看或许生疏困难，然而，正如吾人已经历之其他步骤，不久便将变得顺适自然。在宣布独立之前，北美大陆恰似一人，总将不愉之事一日复一日地拖延，虽知非办不可，却不愿动手，希冀事已解决，却又念念不忘其必要性。

In Assembly Nov. 19th 1779

On Motion Resolved, That the above (enclosed) Ratification be copied and sent to the Supreme Executive Council requesting that honorable Board to transmit the same to the Government of Virginia

Extract from the Minutes
Thomas Paine
Clerk of the Gen'l Assembly

Supreme Executive Council

潘恩的手稿